AF468135

REFLEXIONS

SUR

LE JUGEMENT PAR JURY

POUR

LES DÉLITS DE LA PRESSE,

Offertes à la méditation de Messieurs les Pairs et Députés ;

PAR L. HUBERT.

PARIS.

Mai. — MDCCCXXI.

Imprimerie d'Ant. Bailleul.

RÉFLEXIONS

SUR

LE JUGEMENT PAR JURY

POUR LES DÉLITS DE LA PRESSE.

Les règles de répression ne sont qu'une barrière de raison contre la licence de la presse : c'est dans l'autorité qui rend passible de l'application des peines, que se trouve la puissance virtuelle de répression; et aujourd'hui cette autorité est le Jury.

Jusqu'en 1791, le Jury, en Angleterre, n'eut à prononcer que sur les caractères extérieurs d'un écrit, c'est-à-dire, sur le fait matériel de fabrication et de publication, et sur le sens compris dans la forme d'expression : les Juges prononçaient sur la tendance à produire un mal public ou particulier, et sur l'intention. Notre loi du 17 mai 1819, n'établit pas cette distinction en apparence : la déclaration du Jury embrasse les quatre élémens d'infraction; mais le magistrat est réellement juge du degré de gravité de l'offense, et de la criminalité d'intention, par la faculté de graduer les peines, en appliquant la loi.

Peut-être la latitude laissée au Juge dans l'application des peines, a-t-elle été la principale cause de l'extrême réserve du Jury à prononcer la culpabilité dans les procédures pour libelle. En trouvant l'accusé coupable au moindre degré, peut-être le Jury répugnait-il à le livrer aux chances d'une peine hors de proportion avec le délit. Ces conjectures sont un appel à l'attention du législateur : il appréciera si, à l'égard des délits de la presse, dont la gravité est un fréquent sujet de dissidence, la défiance sur la rectitude des idées, entre les parties d'une autorité appelée à juger les caractères d'un écrit, n'est pas susceptible de disposer celle qui jouit de l'initiative, à absoudre un accusé, plutôt que de le livrer, comme coupable, à des Juges dont elle appréhende la sévérité. En Angleterre, où le Jury se confie communément en la modération du magistrat, il se montre défiant lorsqu'il s'agit de libelle, et on l'attribue à la discrétion illimitée des Juges dans l'application des peines.

En général, on doit s'attendre à trouver beaucoup d'indulgence dans un Jury; et la cause èn est si honorable pour l'humanité, qu'elle interdit le blâme, même en déplorant les effets de cette indulgence. Témoin, chaque jour, du pouvoir de l'entraînement parmi des mœurs corrompues, le Juré prend en considération l'état de la société; il apprécie l'influence des accidens, il compâtit au malheur, et oublie qu'il est juge. Cette disposition du Juré doit se montrer davantage dans les jugemens sur les délits de la presse: alors la situation d'esprit la plus favorable pour les vues de la justice, serait l'absence de toute prévention de parti. Eh bien! une telle impartialité est encore inséparable du sentiment de tolérance, qui excuse les erreurs d'opinion, et qui pardonne facilement la provocation indirecte, surtout si elle n'a été suivie d'aucun effet immédiat.

S'il est constant que les dispositions naturelles du Jury, sans exclure la volonté d'être juste, et de concourir à la punition d'un coupable, le portent seulement à ne pas compromettre sa conscience en livrant un écrivain inconsidéré à la rigueur discrétionnaire du magistrat; et si le législateur persiste à maintenir le jugement par jury pour les délits de la presse, comme le mode le plus convenable au régime représentatif, alors il restera à chercher comment obtenir du Jury la condamnation du libelliste, sans laquelle l'ordre réclamerait le secours de la censure.

Il faut une sorte d'éducation pour apprendre à juger les délits de la presse; et cette éducation a dû considérablement s'avancer pendant une année de licence impunie, après laquelle des soulèvemens ont, sans doute, fait repentir plus d'un Juré du vote d'absolution, qui a rendu au folliculaire incorrigible la faculté de fomenter le trouble. La sagesse acquise par l'expérience mérite quelque confiance, et l'on peut raisonnablement présumer qu'à l'avenir un Jury verra moins communément, dans l'écrivain qui fait métier de fabriquer du scandale pour de l'argent, la victime d'un ardent amour pour la patrie. L'équité naturelle et les idées de justice distributive, épurées et conciliées par le raisonnement, doivent créer bientôt, dans la classe où sont pris les Jurés, une doctrine de raison intime, contre laquelle échoueront d'insidieux appels à une liberté indéfinie, et tous les faux dehors d'une intention bienveillante. Le progrès des saines doctrines sur la composition morale des sociétés; de fréquentes discussions, dans lesquelles l'esprit se familiarise avec les principes d'ordre nécessaire; et le sentiment naturel qui porte à rendre hommage à la puissance protectrice, sont des influences qui agissent pour faire reconnaître comme dangereux les écrits susceptibles d'altérer le respect dû à la religion, aux mœurs et au trône. Dès que l'intelligence du citoyen, maintenant obscurcie, aura distingué le besoin de s'attacher au régime, il condamnera sans ménagement les insinuations perfidement calculées pour affaiblir l'empire de la loi, secouer le joug des obligations sociales, et rompre les liens salutaires qui unissent le peuple à ses administrateurs. La simple générosité et une certaine appréhension pour soi-même, s'éleveront contre ces imputations flétrissantes qui ravissent à l'homme l'estime de ses semblables. De justes idées de civilisation feront sentir que, sans autorisation fondée sur des motifs légitimes, tels que le devoir ou un droit particulier, même la plus notoire vérité doit être tue, si elle peut attirer sur quelqu'un la vengeance, la haine, le mépris, le ridicule, ou le porter à l'exaspération. Alors il cessera d'être douteux que l'objet essentiel de l'organe de la justice est d'écarter le préjudice effectif, sans avoir égard au bien problématique dont ce préjudice serait la source ; que le bien est vu seulement dans la répression du mal prévu par la loi, et exercée suivant les formes que la loi a prescrites ; que celui qui, par sa seule volonté, s'établit le juge des actions de ses semblables, et qui, sous prétexte de prémunir contre un danger éventuel, s'arroge la faculté de les dénigrer publiquement, commet une usurpation, un tort, pour lequel il est répréhensible ; et qu'enfin l'autorité peut seule, en vertu du droit attributif conféré par la loi, caractériser une faute, infliger un châtiment, et proclamer l'infamie du coupable.

Manifester une confiance intime dans le pouvoir de la raison sur un Jury français, c'est engager indirectement le législateur à maintenir les dispositions de l'art. 13 de la loi du 26 mai 1819. Toutefois on ne se permettra que d'exprimer un désir sur un sujet si grave. Des idées générales sur la justice à espérer de douze hommes désignés par le sort dans une classe respectable, produisent, sans doute, un vif attachement pour l'institution ; mais en même temps on voit que les personnes diffamées préfèrent de se venger elles-mêmes, ou supportent l'outrage en silence, par défiance de la rectitude actuelle de l'esprit du Jury en matière de libelle ; et cette défiance, on aurait sujet de croire que le ministère public la partage, en le voyant s'abstenir de poursuivre des écrits évidemment séditieux. Si tous les voeux sont en faveur du jugement par jury, c'est dans la supposition que ce mode conduira aux fins que se propose la justice ; et il se pourrait qu'il ne fût pas le plus efficace, comme garantie contre la licence de la presse, aujourd'hui que l'esprit de parti absorbe chez tant d'hommes, d'ailleurs estimables, les considérations d'intérêt, les sentimens d'amitié, les affections naturelles, et jusques aux plus simples notions du bon sens. Cet esprit de parti, s'affranchissant des doctrines positives, pour obéir à l'Opinion dont il cherche la voix dans le cercle d'une coterie, ne serait en effet qu'un conseiller partial dans le jugement d'un libelle dicté par l'esprit de parti.

S'il est un cas où il convienne de douter de la capacité individuelle en matière de législation, c'est sur la question du jugement par jury dans les causes pour libelle, non à une époque indéterminée, car ce mode est incontestablement voulu par le régime, mais à l'époque actuelle, où il se trouve si peu d'accord entre les esprits, même sur les principes fondamentaux, que, pour l'écrit le plus absolument condamnable par le texte précis de la loi, on ne pourrait garantir une déclaration uniforme de deux Jurys de la même ville, et bien moins de différens départemens. Toutefois, pour amener cet accord, pour rallier les opinions à la loi, pour attirer la haine publique sur les moteurs de dissensions, il ne faut qu'un événement qui rende sensible le besoin d'union. Demain, peut-être, le spectacle des déchiremens d'un peuple voisin, ou la découverte des secrets desseins des principaux agitateurs, opéreront-ils cet heureux changement. Soit par une secousse subite, ou par le lent travail de la raison, le jour d'union arrivera sans doute, et alors ce sera, comme aujourd'hui, au législateur seulement qu'il appartiendra de décider jusqu'à quel point il est permis d'en prendre avantage pour perfectionner les institutions. Aucun individu, quel que soit d'ailleurs son mérite, ne peut être apte à prononcer sur ce qui est de convenance exacte, parce que, n'ayant à la portée de ses regards qu'une étendue partielle, il prendrait pour données générales des indices puisés dans ses fréquentations, son voisinage, sa ville, ou tout au plus sa province; au lieu que, dans le législateur, comprenant le conseil royal et les deux chambres, il se trouve la réunion de tous les intérêts, la connaissance de l'ensemble, la délibération contradictoire, le jugement collectif. C'est la tâche du législateur de discerner *les rapports nécessaires qui dérivent de la nature des choses*; et pour la remplir, il s'éclaire des idées que lui fournit l'Opinion. Mais l'Opinion, qui doit n'être que son flambeau, des écrivains la présentent comme un suprême arbitre dans le gouvernement de l'Etat: or, si ces écrivains sont parvenus à soulever contre le pouvoir légal une multitude qui se dénomme l'Opinion, certainement le législateur manquerait de sagesse, en prenant dans cette multitude les juges de celui qui s'élève contre le Pouvoir, comme interprète de l'Opinion.

Suivant l'acception commune, l'Opinion est le simple produit du raisonnement; et l'Opinion publique est l'expression générale d'un même sentiment. En ce sens, si les règles de justice ont dirigé une instruction suffisante dans l'acte de raisonnement de chacun, l'accord de sentiment est une autorité à laquelle le roi, ainsi que le berger, ne peuvent avoir honte de se soumettre. Mais l'Opinion publique, vue comme saine raison, est-elle dans telle feuille qui se présente comme son organe? Il est permis d'en douter, et de la chercher plutôt dans la voix de cet homme qui observe, compare, médite, et pose comme base à ses raisonnemens la nécessité de l'ordre, vu dans la loi, dont le Pouvoir est l'action. Véritablement l'opinion de cet homme raisonnable est une puissance irrésistible; mais c'est à cause du respect qu'il commande, en traitant des devoirs par l'accomplissement desquels s'établissent les droits. Jamais cet homme, dont l'opinion est infailliblement le sentiment intérieur de la généralité des citoyens, n'est hostile, même au méchant, que dans les limites de la morale; et il se garde de troubler l'ordre, en intervenant dans ce qui est du ressort de la loi.

Entre le Pouvoir, et l'Opinion ainsi conçue, il n'y a pas, et il ne peut y avoir aujourd'hui, de lutte capable d'empêcher le législateur de confier l'office de Juge des délits de la presse à la classe où se trouvent les hommes dont les lumières et la droiture n'adopteront que des idées justes dans l'examen d'une accusation pour libelle. Si un Pouvoir abusif usait de persécution, ou si une licence audacieuse attaquait l'autorité légale, quoi de mieux que de choisir pour arbitre l'être collectif, indépendant, sans ambition, sans haine, et sans crainte, appelé Jury? En supposant l'Opinion parfaitement libre de l'influence des factions, comme elle l'est des séductions du Pouvoir, assurément le législateur ne pourrait mieux faire que de l'établir puissance de médiation entre le Pouvoir et les écrivains : mais, au contraire, si les conditions sous lesquelles le vœu d'une collection d'individus est vu comme respectable, n'étaient pas remplies ; si chacun d'eux, s'attribuant les qualités de l'homme de bien, n'était, en effet, que le partisan d'une opposition passionnée ; si d'aveugles jouets des factions venaient dans le sanctuaire de la justice parler au nom de la loi, sans être dévoués à son culte, alors le législateur aurait créé une monstruosité, en conférant une portion de la puissance légale à des esprits dont l'égarement dirige cette puissance contre elle-même.

Probablement l'état de l'esprit public se montrera sous un aspect assez satisfaisant, pour que les citoyens continuent de participer comme Jurés à l'action de la loi répressive des délits de la presse : dans ce cas, il semblerait convenable que des gradations entre le *minimum* et le *maximum* de la peine, restreignissent le pouvoir discrétionnaire du magistrat. Il est présumable que, le Jury n'ayant plus à concilier avec sa conscience, l'impression de doute sur la modération du Juge, hésiterait moins à prononcer la condamnation d'un coupable. Lorsque la provocation n'est suivie d'aucun effet, on conçoit qu'il doit être pénible pour le Juré, dont l'esprit n'établit le délit qu'avec des idées vagues sur les caractères d'une incitation avortée, de rendre un accusé susceptible d'encourir la peine de deux années de prison et de quatre mille francs d'amende. Souvent la conscience se prêterait à une légère correction, au lieu qu'elle se révolte à la possibilité de punir d'une ruine totale l'auteur d'un acte construit en offense grave par la seule imagination.

La loi serait nulle, et le tort resterait impuni, si le législateur refusait de prendre en considération ces scrupules du Jury. A la vérité, en y cédant, le châtiment sera peut-être fréquemment au-dessous de l'offense; mais un tel inconvénient est préférable à l'abolition du jugement par Jury. Conserver le Jury est de première importance : il est la dernière sauvegarde contre l'intolérance des partis; c'est seulement sous la confiance inspirée par l'existence du Jury, que l'homme généreux osera livrer la guerre aux abus, et déconcerter, par la publicité, les manœuvres d'un Pouvoir oppresseur. Et que la conservation d'un abri contre les coups de la puissance injuste, ne soit dédaignée par personne, sous un régime où les partis vont continuellement s'assaillir : au faîte de la domination, si un parti espérait perpétuer son triomphe par l'anéantissement du Jury, quelquefois rebelle à ses désirs, peut-être il se créerait des regrets pour le jour où, vaincu par des événemens hors des calculs de la prévoyance, il invoquerait en vain l'indulgente équité qui se retrouve encore dans le Jury, lorsque le parti victorieux ne respire que la vengeance.

Que le jugement des délits de la presse soit donc conservé au Jury, puisque c'est, tout à la fois, agir prudemment, et se conformer à l'esprit du régime : mais sous l'expression générique de *délits de la presse*, il en est de séditieux et de diffamatoires, entre lesquels il existe une différence de nature et de gravité. Les premiers sont d'ordre politique, et soumis à la raison d'Etat : les autres sont d'ordre civil, par leur rapport immédiat à des intérêts particuliers.

Le libelle séditieux n'est souvent une incitation criminelle que par la construction forcée d'un langage inconvenant, né du dépit de succomber dans la lutte inévitablement incessante des partis, sous un régime représentatif. Dans cette lutte, des hommes du Pouvoir pourraient être les instrumens d'un parti irascible, et alors l'esprit de rivalité, d'exclusion, de vengeance, leur ferait abusivement signaler, comme subversives de l'ordre, de licites tentatives faites par un autre parti pour obtenir l'exercice du Pouvoir. Quand de telles contentions sont prévues, il faut chercher à l'avance le Juge des excès montrés comme dangereux pour l'Etat, dans la classe des personnes les plus indépendantes de l'ambition, et de toutes ces passions ardentes qui dirigent les partis; et le Jury présente, par sa composition, du moins cette sorte d'indépendance.

Le libelle diffamatoire a d'autres caractères : légalement il ne doit jamais fournir l'occasion d'intervenir dans la guerre des partis : l'attention doit se porter exclusivement sur les intérêts substantiels de deux individus; et envers ces intérêts simples, un arbitre quelconque peut dispenser la justice, puisqu'il ne s'agit que de reconnaître l'existence d'une offense, afin d'en déterminer la réparation. Pour le libelle diffamatoire, comme pour tous les autres différends entre particuliers, le législateur n'est pas impérieusement commandé par la raison d'Etat dans le choix de l'autorité judiciaire chargée d'en connaître : il n'est tenu qu'à découvrir où se trouvent les garanties les moins incertaines d'une exacte application de la justice distributive. Cette question sera l'objet des réflexions suivantes :

Le Jury est la garantie de la liberté de la presse. Le Jury, fût-il nommé par le ministère pour prononcer dans une cause où le ministère serait partie, la garantie existerait encore ; et cette vérité, qui peut très-bien se démontrer par l'influence du gouvernement représentatif, est un fait notoire dans la manière dont s'exerce la censure. La commission de censure est un jury permanent nommé par le ministère ; les hommes qui la composent, fortement pénétrés du besoin de protéger l'action du Pouvoir, ont pris la ferme résolution de braver la défaveur attachée à cet office salutaire ; opérant à huis clos, aucun auditoire ne leur impose de la réserve : et pourtant la critique raisonnée des actes du ministère, a un libre cours. Cette vérité de fait se retrouve encore dans les déclarations du Jury judiciaire : la liste des Jurés est composée par le préfet ; le ministère public sollicite ouvertement la condamnation de celui qu'il croit être un libelliste ; souvent plusieurs Jurés ont un emploi administratif, de la conservation duquel dépend l'existence de leur famille ; on pourrait croire que le dessein de servir leur intérêt les ferait s'abandonner à une coupable complaisance; et pourtant les accusés sont fréquemment renvoyés absous.

Certainement il y a garantie effective pour la liberté de la presse dans le jugement par jury; et cette garantie est d'autant plus assurée, que le vote du Juré est indépendant même de ses propres desseins; que l'expression sincère de ses sentimens naturels est forcée par le régime; et que, fût-il entraîné à promettre le renoncement à toute intégrité, une puissance hors de lui l'empêcherait d'accomplir sa promesse. La réflexion fait distinguer aisément que, sous le régime représentatif, l'état de l'individu, par tout ce qui l'affecte essentiellement, ne permet pas de classer parmi les moyens de gouverner, la faculté de corrompre des agens, pour prononcer le jugement que leur dicte une volonté arbitraire, lorsque la loi remet ce jugement à leur conscience. Sous ce régime, l'obéissance servile trouve encore à justifier ses actes par une interprétation, telle quelle, des règles de devoirs; mais la puissance de l'Opinion régit absolument l'homme public livré à sa seule impulsion. Tant qu'il est possible de rejeter l'odieux d'une action sur un moteur responsable, il ne manque pas de stipendiaires pour l'entreprendre; mais on chercherait en vain, dans une classe où l'estime publique fait partie des biens, un nombre d'hommes qui consentissent à se vendre pour feindre de délibérer sur une question de laquelle une loi formelle les rend seuls arbitres. Aujourd'hui, le bon sens ne permet de croire à rien de plus qu'à l'influence sur l'exercice des fonctions publiques, par des espérances d'avancement; et alors il faut allouer que l'ambitieux calcule que, sous un régime où les oscillations renversent fréquemment les supériorités, le moyen le moins incertain pour s'élever, n'est pas de se dévouer aveuglément aux volontés des hommes, mais bien de remplir honorablement ses devoirs, parce qu'aucun ministre ne s'est jamais cru engagé à récompenser les honteux services rendus à son prédécesseur. En Angleterre, où le même régime existe, l'administration de la justice est pure de corruption; et si le parlement en est accusé, il faut voir dans le mot *bribery* une métaphore de parti; car les faveurs ne se donnent pas *pour* soutenir aveuglément le système, mais *parce qu'en* le servant loyalement, on acquiert des droits aux avantages particuliers qui en dérivent: les honneurs ou les émolumens sont la conséquence, et non la condition préalable de l'appui. . . . .

On le répète: la liberté de la presse a, dans le Jury, une garantie suffisante contre les persécutions d'un pouvoir ombrageux ; mais où est la garantie contre la licence? Les dispositions de la loi sont des règles inertes ; le ministère public ne peut que rendre l'infraction évidente ; et le juge n'a qu'à sanctionner l'impunité, si elle se trouve dans l'exercice de l'initiative attribuée au Jury : donc il n'y a pas là garantie.

Cependant d'autres intérêts, au moins aussi précieux que la liberté d'écrire, réclament une garantie. Le respect dû au Prince, la considération nécessaire au fonctionnaire public, la réserve envers les gouvernemens étrangers, l'obéissance à la loi, les égards réciproques entre les individus ; enfin, tout ce qui est compris dans la sécurité générale et la satisfaction particulière, doit, avant la liberté de transmettre la pensée par l'écriture, trouver une protection qui ne soit pas illusoire : or, cette protection existe-t-elle dans le Jury? car on la chercherait vainement ailleurs.

Voit-on dans l'intelligence d'un Jury la pénétration suffisante pour distinguer les caractères qui rendent un écrit libelle? L'esprit d'un Jury est-il exempt de ces préventions populaires, souvent fausses, toujours exagérées, et dont il est si difficile de se garantir, même dans les occasions où elles nuisent aux intérêts propres? Dans un Jury, les notions d'ordre politique et de justice distributive, qui ne peuvent, sans le secours du raisonnement, s'accorder avec les idées d'équité naturelle, ont-elles assez d'empire pour combattre avec avantage les impressions déraisonnables d'engouement ou d'aversion reçues d'une pluralité improprement appelée l'Opinion? Non; il faut le reconnaître, en général, le Jury n'est pas aujourd'hui assez éclairé sur les nombreuses et importantes considérations qui se lient à la libre communication de la pensée; et il n'est pas encore arrivé à ce point, où, en siégeant comme organe de la justice, l'homme oublie totalement ce qui l'a affecté comme individu, recueille ses lumières, en les dégageant des préjugés qui les obscurcissent, cherche le sentiment placé par la main de Dieu au fond de son cœur, et prononce l'arrêt dicté par sa raison et sa conscience, sans s'inquiéter des reproches ou des louanges que son jugement recevra dans le monde. La volonté d'être juste n'est nullement douteuse, et cette excellente intention est la base large et solide sur laquelle s'élevera infailliblement le rempart des libertés; mais les fondemens d'heureux présages ne sont pas une garantie actuelle, et c'est cette garantie que doit chercher le législateur.

La garantie de la conduite d'un homme se cherche dans ses intérêts, et ses intérêts s'entendent de tout ce qui l'affecte d'une manière sensible. L'individu qui se rend coupable d'infraction aux devoirs sociaux, est affecté par la loi et par la morale : la loi lui inflige des punitions, et la morale le prive des avantages qu'il trouve dans l'estime de ses semblables. Or, suivant cette façon de concevoir les influences extérieures sur la conduite d'un homme, la garantie de l'équité d'un Juré n'est pas dans la punition qu'il aurait à craindre de la loi, puisque la plus grave transgression à ses devoirs, comme Juré, ne le rendrait pas légalement répréhensible. Pour que la garantie se trouvât du moins dans la sévérité de la morale, il faudrait que le Juré pût perdre l'estime de ses semblables, par un vote favorable à l'écrivain évidemment séditieux; et aujourd'hui un sentiment général de perversion porte à voir comme mal, le bien résultant de la punition des abus de la presse : personne ne semble concevoir que châtier la licence, c'est servir la liberté. Un fatal engouement pour une liberté excessive, portant ceux dont l'estime importe au Juré, à applaudir à l'impunité d'un libelle, aucun frein extérieur n'est plus imposé à son indulgence. L'influence de la raison publique, qui devrait être une des principales garanties de la sagesse de discrétion du Juré, devient nulle, dès que la voix à laquelle ses intérêts le rendent sensible, n'est pas celle de la morale, aidant à la loi pour obliger l'homme à l'accomplissement des devoirs sociaux. Outre les influences extérieures, il y a bien la sainteté du serment, qui peut élever le Juré au-dessus des considérations humaines; et il n'est pas permis de douter que plusieurs ne soient dirigés par la crainte salutaire d'un Dieu rémunérateur et vengeur. Mais, indépendamment du peu de confiance que doit inspirer l'indifférence trop commune en matière de religion, la foi du serment n'établit pas seule une garantie suffisante contre les faiblesses de jugement, dans l'acte de dispenser la justice légale.

On est forcé de le reconnaître : les impressions qui dominent aujourd'hui le Jury, n'offrent pas une telle sécurité, que toutes craintes sur la tranquillité publique et particulière puissent être dissipées par son intervention actuelle dans le jugement des délits de la presse. Quand la voix de l'habile Avocat s'élève au-dessus des murmures encourageans d'un nombreux auditoire, pour circonvenir un Jury, et le porter à confondre l'accusation, en renvoyant sans blâme le favori de la multitude, il faudrait qu'une grande force intérieure écartât les prestiges de l'éloquence, rendît insensible à l'émotion des spectateurs, et que toute concentrée dans l'examen des effets de l'écrit dénoncé sur l'ordre, la raison cherchât uniquement dans ce tableau ses motifs déterminans. Suivant la marche connue de l'esprit humain, la perplexité qui s'élève dans le sein du Juré, lorsqu'il cherche à démêler les idées exactes parmi la confusion d'idées spéculatives recueillies dans ses fréquentations, doit se terminer par le triomphe de celles dont il distingue le moins la portée. En général, l'homme sacrifie le bien distinct aux chances d'un mieux problématique: la défiance en ses propres lumières le livre à l'orateur dont le sentiment d'une conviction parfaitement acquise, se peint dans le ton positif et la hardiesse de langage. Intérieurement plus modeste qu'il ne veut le laisser paraître, l'homme a été dans tous les temps, et avec les plus pures intentions, l'approbateur, même des forfaits qui lui ont été présentés comme nécessaires dans l'acheminement vers un mieux chimérique. Avec de telles dispositions naturelles, le Juré, d'abord en proie à l'hésitation, doute, par une sorte de vertu, de l'infaillibilité de sa raison qui lui montre le châtiment du libelliste comme utile à l'ordre, et il finit par céder aux emphatiques déclamations parmi lesquelles l'art lui reproduit sous de séduisantes couleurs, les trompeuses maximes qui, dans le monde, ont déjà égaré son imagination.

C'est sur l'incertitude qui agite l'ame du Juré faible, qu'opérait le célèbre Erskine, dans le procès de Lehardi. En admettant l'évidence du crime, il montra l'empiétement progressif du parti dominant sur la liberté publique, et il soutint que, dans une cause où la condamnation du coupable encouragerait l'audace des dépositaires du pouvoir, le Jury avait à considérer, avant le point de criminalité légale, si de son *verdict*, ne dépendait pas l'existence des partis généreux qui se dévouaient pour déconcerter les machinations dirigées contre le corps social. Il s'écria : « La mort de cet homme, » en inspirant de la crainte à la vertu, laisse- » rait la nation exposée sans défense aux coups » de l'oppression. La patrie vous regarde : » votre arrêt lui apprendra s'il est encore des » anglais que d'ambitieux ministres ne peu- » vent intimider. En cette occasion, où l'es- » prit de parti imagine des conjurations, et » torture les formes judiciaires pour rendre les » organes de la loi complices des plus funestes » desseins, le pouvoir discrétionnaire que le » Jury tient de nos ancêtres comme patri- » moine sacré, peut le rendre, à son choix, » l'instrument de la tyrannie, ou le sauveur » de la liberté. Jurés! vous devez à vos

» concitoyens, à la postérité, à votre conscience, à Dieu, d'absoudre Lehardi, si vous » pensez que son supplice doit fonder l'échafaud sur lequel iront mourir les ennemis » de l'oligarchie. »

Erskine triompha des scrupules du Jury, et rendit ainsi la vigueur à l'opposition que Pitt voulait abattre ; mais cet exemple, dont l'imitation serait beaucoup plus souvent dangereuse qu'utile, montre comment le Jury peut être détourné de sa destination, et comment il cesse d'offrir une garantie, lorsque de fausses idées sur la nature d'un délit s'accréditent parmi le peuple, dont le Jury est, même involontairement, l'interprète.

Cependant l'institution du Jury convient tellement à l'état actuel de la civilisation, et il y a des espérances si bien fondées d'une prochaine amélioration dans l'esprit de la classe où se prend le Jury, que le législateur se bornera, sans doute, à restreindre son action, sans aller jusqu'à soutraire à son intervention tous les délits de la presse. Parmi ces délits, il en est qui résultent de l'examen des actes publics dans leurs rapports avec l'ordre abstrait : or, ces actes sont du domaine de la société, et il doit être loisible à tous de raisonner sur l'action livrée à l'opinion par la publicité. Pour le jugement judiciaire sur la forme d'expression employée dans l'examen des affaires publiques, le régime demande absolument que l'Opinion y intervienne par le Jury ; et puisque ce régime est d'ordre permanent, il convient de lui céder de bonne grâce toute la part que n'en distrait pas impérieusement la nécessité de garantir d'atteintes graves les droits imprescriptibles du citoyen.

On remarque qu'en général la critique des actes publics, et la plupart des dissertations sur des points de doctrine, ne sont que l'occasion des diatribes dirigées contre les hommes investis de l'autorité : dès les premiers mots d'un discours d'opposition, on distingue que le blâme des actions est suscité par la seule envie de nuire aux personnes. L'attachement de bonne foi à un système, n'engendre pas cette acrimonie qui se montre comme principal ingrédient dans la controverse ; et s'il n'était publié que la simple expression d'une opinion sur des matières abstraites, sans ces traits de malignité qui provoquent des convulsions de haine contre le Pouvoir personnifié, il n'en résulterait aucun danger imminent ; car il faut un excitatif plus matériel que de vagues hypothèses, pour enflammer les esprits, et les porter à la subversion subite de l'ordre auquel sont liées les habitudes. C'est lorsqu'à ces raisonnemens, très-ennuyeux tant qu'ils ne sont pas très-criminels, se joint le dénigrement des dépositaires du Pouvoir, que les passions s'agitent, et frappent l'objet visible présenté comme obstacle à leurs débordemens. Le Pouvoir est l'ordre, par cela seul qu'il subsiste, et cet ordre, dont l'utilité est trop frappante pour être niée, même par celui qui fait le plus d'efforts pour le troubler, il ne peut être rendu assez odieux par la satire de ses dispositions réglementaires, pour engager la multitude à s'en affranchir : aussi le soin de celui qui souffle la sédition est-il, en parlant d'oppression, de donner un corps au Pouvoir dans la personne du gendarme, du collecteur, ou de tout autre agent dont le peuple supporte le plus impatiemment l'action ; et c'est en dirigeant l'animadversion vers ce but ostensible, qu'il pousse à renverser avec lui les institutions. Aujourd'hui, le tableau le plus flatteur de la république ou du régime impérial, montré abstractivement, ne disposerait pas autant d'hommes à se soulever, que le récit artificieux des vexations d'un agent du fisc. Ceux que l'extérieur n'aveugle pas, auront observé qu'en juin, l'idée d'oppression, matérialisée par le coup de fusil d'un soldat, a été pour les agitateurs un levier plus puissant que toutes les déclamations sur la loi des élections. Enfin, il est constant que le projet d'innover dans la composition de l'ordre politique, ne serait qu'un vain texte pour l'écrivain malveillant, s'il n'y ajoutait l'exposé d'irritans griefs qui appellent l'odieux sur les personnes.

Tout ce qui, dans un écrit, n'affecte pas expressément les personnes; tout ce qui n'est que de pure doctrine, et tout ce qui est acte concernant le public, peut, sans crainte de graves inconvéniens, rester au jugement du Jury. Les avantages que présente le régime actuel peuvent déjà se défendre par eux-mêmes, dans la comparaison avec tout autre ordre politique; et il existe, en outre, la faculté de faire ressortir ces avantages par les mêmes moyens qu'emploient ceux qui les nient. Lorsqu'à ces puissances on ajoute l'appui du gouvernement, et la protection de lois toutes partiales pour celui qui en défend les préceptes, comment penser qu'il y aurait des périls à ce que le jugement d'un audacieux novateur fût abandonné au Jury?

A l'égard des réflexions sur les personnes, il s'élève des intérêts, moins précieux sans doute que ceux de la société, mais aussi plus facilement affectés; et ces intérêts réclament une garantie qui, sans violer les règles de la justice, leur assure pourtant, avant les intérêts de l'écrivain, un droit à la bienveillance de l'autorité judiciaire. Une telle préférence dérive de l'inégalité de situation : l'honneur dans l'exercice de la profession demande des secours pour sa défense, tandis que la liberté d'écrire sollicite un abri pour attaquer impunément les réputations. La loi veut que le possesseur d'un bien en jouisse jusqu'à ce que la loi elle-même le dépossède; et au même titre, celui qui exerce un emploi public à la satisfaction de l'autorité directrice ne doit plus avoir à craindre que la loi. La loi ne protège pas l'attaque contre la possession, mais bien la défense contre l'usurpation; et, par analogie, la loi ne peut vouloir protéger les moyens de nuire à la réputation, mais bien le recours à la justice pour l'atteinte portée, sans raisons légales, à la réputation. Cette protection, justement accordée à celui qui ne peut que se défendre, contre celui qui est continuellement en posture pour attaquer, serait illusoire, si le juge avait le moindre penchant à croire que le dommage éprouvé par le plaignant, n'est que le simple effet d'un acte facultatif exercé par l'accusé ; et que, entre le droit d'écrire et le droit de conserver sa réputation exempte d'outrage, il y a égalité, tant qu'il n'a pas été évidemment démontré que le droit de l'un a nui à celui de l'autre. Sous cette apparence d'équité, il se trouverait réellement interversion dans la nature des positions.....

Le droit de jouir de la bienveillance de ses

supérieurs, de la considération de ses égaux, du respect de ses inférieurs, de l'estime, de l'attachement, de l'affection des personnes dont les sentimens nous intéressent, est pleinement un droit en soi ; et aucune condition hors de soi n'y est attachée par la loi. Ces biens, dont la privation serait certainement plus sensible à tous, que la défense de diffamer, et même d'écrire, ne saurait l'être à quelques-uns, s'expriment ici par le mot de *tranquillité ;* et le droit de jouir de la tranquillité ne comprend nulle réserve : il est positif, absolu, illimité : la loi est faite expressément pour que rien ne puisse l'affecter. Au contraire, le droit de communiquer sa pensée au public n'est qu'un droit conditionnel : en l'accordant, le législateur l'a soumis à des restrictions ; il est contestable sur chaque point de ses développemens ; il n'est droit que relativement à certaine manière de l'exercer, et la loi est faite expressément pour en affecter la jouissance. On voit clairement qu'il n'y a pas de parité entre ces droits, et que la situation inoffensive de l'homme dans l'état de tranquillité, réclame une protection plus prononcée que l'état actif de celui dont la plume, si elle peut produire de grands avantages, cause aussi beaucoup d'appréhension.

Or, de cette différence, que doit-il résulter

pour chacun des deux états devant un tribunal, avant l'exposition des détails de la cause? L'écrivain est l'accusé, puisque lui seul peut nuire; puisque l'exercice de son droit présente, avec la possibilité d'abus, la présomption d'hostilité envers celui qui se plaint, et qui n'aurait pas la volonté de se plaindre, s'il n'en avait un sujet dont la gravité légale est seule en question. Alors il n'est véritablement pas encore certain que l'accusé est coupable; mais déjà il n'est nullement douteux que le plaignant ne soit innocent, et qu'il vient seulement demander la réparation possible d'un dommage dont la réparation complète est probablement hors du pouvoir des juges. L'accusé, sans pouvoir invoquer aucun droit, se bornera, en sollicitant l'indulgence, à se justifier d'avoir nui sciemment; au lieu que l'accusateur pourra, en vertu d'un droit imprescriptible, réclamer un arrêt qui le réhabilite dans l'estime de ses semblables. Toutes les ruses employées pour signaler un individu d'une manière outrageante, ne pourront trouver de légitimité dans le vague d'une tolérance qui n'est droit que sous la condition formelle de ne pas nuire : dès que le plaignant aura exposé les rapports entre sa personne et les indications; dès qu'une explication satisfaisante aura dissipé l'obscurité des prétéritions ou allusions; dès que les inductions naturelles auront mis à découvert la diffamation qui l'affecte, on ne pourra refuser à son droit de vivre en paix, le châtiment du diffamateur, par raison du resserrement qu'en éprouverait la liberté d'écrire. Il ne sera pas considéré si l'accusé est resté dans les bornes de son droit, mais bien s'il a été troubler un autre droit qu'il devait respecter. Enfin, sous quelque point de vue que se montrent les deux positions, préalablement à l'examen des détails de la cause, il y a, d'une part, droit aux égards, à la prévention favorable, aux dispositions bienveillantes; et de l'autre part, seulement droit à la justification.

Quoique la loi du 26 mai 1819 ne manifeste qu'imparfaitement un intérêt spécial pour la situation de l'homme affecté par un écrit diffamatoire, néanmoins on y distingue que le législateur a reconnu dans le délit de diffamation des caractères qui appelaient, plus que les autres espèces de délit, la faveur sur le plaignant, et la rigueur sur l'accusé. Par exemple, l'homme prévenu d'avoir pris une bourse, est admis à prouver qu'elle lui a été donnée par son accusateur ou par d'autres; et le diffamateur offrirait vainement la preuve que le fait, dont l'imputation le rend répréhensible, a été vu par lui, ou lui a été révélé, même par celui qui le poursuit. La bourse peut avoir été prise par erreur, par plaisanterie, sans mauvaise intention, et, en le prouvant, l'accusé ne serait tenu qu'à restitution; mais on rejeterait ce moyen de défense dans un cas de diffamation, parce que se rétracter, qui semble l'équivalent de rendre la bourse, n'annullerait pas les effets nuisibles, surtout si le fait imputé était vrai; et c'est à ce sujet que le lord Mansfield prononça cette sentence, devenue axiôme dans la jurisprudence de la presse : « plus notoire est la vérité, pire est le libelle. » Dans une cause pour vol, le point principal est s'il a été commis, et la valeur du vol n'est que d'intérêt secondaire : en diffamation, au contraire, la connaissance du fait de fabrication et de publication d'un écrit, n'est que la préparation au seul point essentiel dans les vues de la justice, qui est l'importance des effets : de manière que, dans le premier cas, la situation du plaignant est à peine considérée; tandis que, dans le second, ses pertes certaines ou éventuelles, et même quelquefois les impressions sur sa sensibilité, constituent le tort. Par motif de compassion, déclarer non-coupable un prévenu de vol, c'est manquer à la justice; mais le plaignant n'est frustré que d'un droit, souvent fictif, au recouvrement de l'objet volé : le cas de diffamation se présente sous un autre aspect : renvoyer absous l'auteur d'un libelle diffamatoire, c'est d'abord tromper le voeu de la loi ; et, de plus, c'est indirectement déclarer vraies les imputations outrageantes ; c'est donner la sanction implicite d'une cour de justice à l'infamie jetée sur le plaignant ; c'est approuver la publication du blâme autrement que dans les formes légales ; et en supposant véritables les faits imputés, c'est consacrer le droit *individuel* de frapper de flétrissure un coupable. En général, l'esprit de la loi réclame, ne fût-ce que dans l'intérêt de l'ordre, la condamnation de celui qui enfreint les préceptes écrits ; mais dans les cas de diffamation, comme l'absolution de l'offenseur serait la condamnation de l'offensé, et que le contre-coup de l'indulgence, pour l'accusé, serait un mal pour le plaignant, le juge a un double motif d'austérité, de laquelle tout adoucissement prendrait les caractères de mépris des principes, d'iniquité préjudiciable, d'abus de pouvoir, et même de complicité dans l'acte de diffamation.

Cette jurisprudence doit se trouver dans la loi, ou la justice réclamerait contre l'omission ; mais en l'admettant, existera-t-il sécurité satisfaisante pour l'homme à qui peut nuire une malveillante imputation ? Alors la menace d'un châtiment arrêtera-t-elle les écarts de l'écrivain? Non, sans doute: il manquera encore la certitude de l'accomplissement du vœu de la loi.

Il a été démontré que la garantie de la liberté de la presse se trouvait dans le Jury, même lorsqu'il sortait d'une liste composée par le Préfet; or, la garantie contre la diffamation s'y trouve-t-elle également? Les écrivains ont sollicité et obtenu le jugement par jury; et si on leur accorde, en outre, que les Jurés seront pris au sort dans une classe nombreuse de la société, les écrivains seront jugés entièrement à leur gré; mais le grand nombre de personnes qui se trouvent en butte aux traits de ces écrivains, se louent-elles de l'essai du Jury depuis le 26 mai 1819, et en désirent-elles la continuation, même sans perfectionnement? A ces questions, les faits répondront, et de ces faits, toute la population peut en témoigner. L'existence de la diffamation n'est pas plus niée que l'existence du jour: beaucoup en ont souffert, et tous s'en plaignent, sans invoquer la justice légale. Chacun a pu connaître les motifs de ce silence: l'indulgence du Jury pour les libellistes empêchait l'appel à la loi. A ces simples faits, il serait superflu d'ajouter la moindre réflexion: s'ils sont avérés, il en ressort naturellement la présomption, que le suffrage des personnes assez attachées à leur réputation pour désirer qu'une sauve-garde la défende des attaques des folliculaires, est opposé à la continuation du Jury comme organe de la justice, dans les causes pour libelle diffamatoire.

En jetant un coup-d'œil en arrière et sur le moment actuel, on serait étonné qu'avec l'idée d'impunité attachée au métier de diffamateur, le dénigrement n'eût pas été porté à une plus grande extension, si l'on ne savait que des duels, dans lesquels il ne suffisait pas toujours d'être libelliste pour triompher, apprirent qu'il se rencontrait des vengeurs dans les familles, et que la faiblesse outragée pouvait suppléer au déni de justice légale par le secours d'un parent. Ainsi, ce fut la crainte de la force personnelle; ce fut le détestable moyen de laver l'offense avec du sang, qui contint la licence dans de certaines bornes; mais s'il survenait de nouveaux Cyrano, tout à la fois libellistes et spadassins, qui parvinssent à comprimer l'indignation par leurs succès dans le combat singulier, alors on n'aurait plus qu'à se résigner, en attendant que de graves excès ramenassent le Jury au juste sentiment de ses devoirs.

Sûrement le législateur ne prolongera pas ce désordre. Il est sans doute très-agréable pour les écrivains de se livrer à leur vocation, sous la garantie d'un Jury profondément pénétré des incalculables avantages de la liberté d'écrire, et disposé à croire qu'une louable ardeur pour les intérêts de la patrie peut justifier quelques excès; mais les victimes de ces excès, insensibles à des bienfaits nés de leurs douleurs ; refusent d'admettre qu'elles doivent payer du sacrifice de leur tranquillité actuelle, le futur contingent de perfection sociale et de bonheur commun. Entre ces deux classes, le législateur aura à décider laquelle mérite plus de ménagemens : ou des écrivains qui prétendent que le magistrat les jugera avec trop de rigueur, ou des dépositaires et agens de l'autorité qui se plaignent de ce que l'indulgence du Jury équivaut à l'absence de toute loi répressive. . . . .

La question n'est pas à résoudre par l'opinion sur les principes, car chaque situation peut en présenter d'également contraires et favorables : c'est le point de convenance actuelle qui est seul en examen. Le législateur n'a pas à déterminer ce qui est bien, dans le sens absolu, ni à considérer si les objections contre le magistrat ou le Jury sont plus ou moins raisonnables; tout se réduit à apprécier les conséquences de deux propositions contradictoires, dans leurs rapports avec l'ordre.

Les Dépositaires et *agens de l'autorité* disent : « En acceptant des fonctions ou des emplois

» publics, nous exerçons, comme les autres
» citoyens, une profession soumise à une res-
» ponsabilité légale définie, ainsi qu'à l'opinion
» d'une puissance directrice; et nous devons
» jouir, au même titre qu'eux, des disposi-
» tions de l'article 14 de la loi du 26 mai 1819.
» C'est le magistrat que nous voulons pour
» juge de l'atteinte portée à notre réputation,
» parce que nous espérons qu'il ne sera pas,
» comme le Jury, dirigé par des préjugés po-
» pulaires, hostiles à l'exercice du pouvoir. Si
» vous refusez d'accéder à notre demande,
» si vous nous donnez pour juges des hommes
» inhabiles à discerner le mérite de nos actions,
» nous souffrirons la diffamation sans nous en
» plaindre juridiquement, et alors vous aurez
» à calculer les effets de notre avilissement
» personnel, sur la dignité des fonctions dont
» nous sommes revêtus. »

Les Ecrivains disent: « Si le Pouvoir est juge
» dans sa propre cause, sûrement nous serons
» condamnés : or, l'intérêt de conservation
» nous commande de nous taire, et alors la
» liberté préalable ne sera qu'une faculté illu-
» soire. Comme il est impossible d'attaquer
» l'acte de malversation, sans qu'il s'y rencon-
» tre des allusions applicables aux fauteurs, les
» juges trouveront dans la censure de l'abus,
» la diffamation des personnes qui l'ont com-

» mis, et ils s'en attribueront le jugement
» pour punir. En admettant que la liberté de
» la presse n'est qu'un droit politique, il faut
» admettre aussi que la raison politique,
» créatrice de ce droit, entendait que son
» principal usage serait de critiquer l'action
» du Pouvoir, non dans le sens abstrait qui
» n'offrirait qu'un vague insignifiant, mais
» envers la personne incapable ou criminelle;
» et ainsi, en séparant, dans l'ordre légal, le
» fonctionnaire de ses actes, c'est agir contre
» la raison politique, c'est rendre la liberté de
» la presse un droit stérile, c'est décider que
» l'abus ne doit pas être signalé, c'est enlever
» au peuple son unique garantie contre l'op-
» pression. Nous nous tairons sans doute,
» puisqu'un châtiment certain nous menace;
» puisque les sentimens généreux seront vus
» comme délits, dès qu'ils auront des carac-
» tères de blâme applicables aux personnes:
» nous nous tairons, mais le Pouvoir, dégagé
» du frein que la publicité impose à ses excès,
» deviendra absolu, et sous l'extérieur du
» gouvernement représentatif, la France sera
» esclave. »

Législateur! décidez.

FIN.

www.ingramcontent.com/pod-product-compliance
Ingram Content Group UK Ltd.
Pitfield, Milton Keynes, MK11 3LW, UK
UKHW020455230726
13925UKWH00005B/1959